MUST READ — ANALISI DEL LIBRO

Un cuore semplice

· · · · · · · · · · · · · ·

GUSTAVE FLAUBERT

ANALISI DEL LIBRO

Scritto da Sandrine Guihéneuf
Tradotto da Sara Rossi

Un cuore semplice

GUSTAVE FLAUBERT

La conoscenza a portata di mano!

MUST READ

MUST READ — ANALISI DEL LIBRO

La principessa di Cleves
MADAME DE LAFAYETTE

MUST READ — ANALISI DEL LIBRO

Uomini e topi
JOHN STEINBECK

MUST READ — ANALISI DEL LIBRO

Il conte di Montecristo

Knowledge at your fingertips

Popular titles

KARL MARX

THE SWOT ANALYSIS

www.50minutes.com
Ripassate i vostri argomenti preferiti
con i nostri titoli pratici

GUSTAVE FLAUBERT

SCRITTORE FRANCESE

- Data e luogo di nascita: Rouen, 1821
- Data e luogo di morte: vicino Rouen , 1880
- Opere principali :
  - *Salammbô* (1862), romanzo
  - *L'educazione sentimentale* (1869), romanzo
  - *Bouvard e Pécuchet* (1881), romanzo incompiuto

Gustave Flaubert nacque nel 1821 a Rouen. Appassionato di scrittura, scoprì la sua vocazione letteraria in giovane età. Nel 1841 partì per Parigi per studiare legge, che abbandonò presto. L'autore si stabilì poi a Croisset, sulle rive della Senna e frequentò le società letterarie dell'epoca. Divenne amico di Charles Baudelaire, Ivan S. Tourgueniev, George Sand e Guy de Maupassant, per il quale fu un modello.

Malato di perfezionismo, difendeva una letteratura riflessiva e sognava di scrivere "un libro sul nulla". La sua opera, che si distingue anche per la profondità dello studio psicologico dei personaggi, è un precursore dei numerosi sviluppi che il romanzo subirà nel XX secolo. Flaubert morì nel 1880, lasciando dietro di sé diversi romanzi incompiuti e un'abbondante corrispondenza.

UN CUORE SEMPLICE

UNA STORIA INTRISA DI MISTICISMO

- **Genere:** narrazione
- **Edizione di riferimento:** *Un cœur simple*, in *Trois Contes*, Paris, Le Livre de Poche, 1983.
- **Prima edizione:** 1877
- **Temi:** devozione, affetto, morte, religione

"Un cuore semplice" è un racconto scritto da Flaubert come parte di un trittico intitolato «*Trois contes*». Questa raccolta riunisce la storia oggetto di studio, «*La Légende de saint Julien l'Hospitalier*» e «*Hérodias*». Fu pubblicato per la prima volta nel 1877, ma ogni racconto fu pubblicato singolarmente sulla rivista «*Le Moniteur universel*».

"Un cuore semplice" racconta la storia di Félicité, una giovane contadina senza istruzione che entra al servizio di una vedova borghese di Pont-l'Évêque, la signora Aubain. Si dedica completamente alla famiglia ed è particolarmente legata ai due figli, Paul e Virginie. La ragazza ha tutte le qualità di una buona domestica. Il tempo passa e lei perde in successione tutte le persone che ama. Finisce la sua vita da sola, in una stanza malsana e muore il giorno del Corpus Domini, felice di trovare in cielo il suo pappagallo, che lei equipara allo Spirito Santo.

SOMMARIO

CAPITOLO 1

Félicité, una cameriera cinquantenne, lavora per la signora Aubain, una donna della classe media di Pont-l'Évêque, vedova e madre di due figli. Le sue abitudini quotidiane seguono una routine. È un modello di pulizia e organizzazione, nonostante il lusso perduto della casa.

CAPITOLO 2

Uno sguardo al passato di Félicité.

Alla morte dei genitori, Félicité venne affidata a una contadina nella campagna della Normandia. Una sera, a un ballo, incontrò Théodore, che le chiese di sposarlo, ma alla fine, per evitare l'esercito, egli preferì sposare una ricca vedova che era disposta a pagare un altro uomo per sostituirlo nel servizio militare. Tradita, Félicité lasciò la fattoria e andò a Pont-l'Évêque in cerca di un lavoro come cameriera. Così, all'età di diciotto anni, entrò al servizio della famiglia Aubain e si prese cura dei figli che adorava: Paul e Virginie.

Durante una passeggiata, un toro inferocito quasi uccide il signor Aubain, i suoi figli e Félicité che evita la tragedia con la sua presenza mentale. In seguito a questo incidente, Virginie soffre di un disturbo nervoso. Il medico consiglia di mandarla a Trouville per riprendersi.

È lì che Félicité incontrò per caso, Nastasie Barette e suo nipote, Victor. La giovane donna li prese in simpatia, anche se loro non esitarono ad approfittare della sua gentilezza. La signora Aubain, non riuscendo più a sopportare l'uso della familiarità da parte di Victor nei confronti di Paul, decise di tornare a Pont-l'Évêque. Paul, dal canto suo, si recò al Caen College per completare la sua formazione.

CAPITOLO 3

Virginie inizia il catechismo a Pont-l'Évêque, accompagnata da Félicité che impara le basi della religione cattolica. Si identifica con la giovane quando fa la prima comunione ma, sebbene sia toccata dalla fede, trova difficile accettare la natura dogmatica della Chiesa.

Virginie viene, quindi, mandata dalle suore per essere educata. Félicité, privata dei due figli, trova ora calore emotivo in Victor, che si prende il tempo di farle visita, senza secondi fini.

Gli anni passano e Victor si arruola in Marina, con grande disappunto di Félicité, che non smette di preoccuparsi per lui. Un giorno riceve la triste notizia che lui è morto a Cuba di febbre gialla e sprofonda nella tristezza.

Qualche mese dopo, la signora Aubain riceve cattive notizie sulla salute di Virginie che poco poso, ha un attacco di cuore. La madre sprofonda nella disperazione e Félicité rimprovera dolcemente la sua padrona, dicendole di prendersi cura del figlio.

Il nuovo sottoprefetto nominato a Pont-l'Évêque fa visita al signor Aubain. Cominciano a socializzare e a diventare amici.

Poiché ha vissuto nelle isole, ha un servitore nero e un pappagallo. L'uccello affascina Félicité perché proviene dalle Americhe e le ricorda suo nipote. Quando il sottoprefetto viene trasferito, lascia l'animale al signor Aubain come saluto.

CAPITOLO 4

Il signor Aubain, che non si cura del pappagallo, lo regala a Félicité. La cameriera si affeziona a questo animale, che soprannomina Loulou e cerca di insegnargli qualche parola, come "Ave Maria".

L'uccello scappa, poi torna, ma Félicité, che è andata a cercarlo, si prende un raffreddore e un'infezione all'orecchio che la porta alla sordità. Si ritira sempre più nel suo mondo interiore, sentendo solo il suono dell'uccello.

Nonostante il suo affetto, l'animale finisce per morire di congestione. Su consiglio del signor Aubain, Félicité lo fece imbalsamare e sistemare nella sua stanza. La vita della cameriera è ormai scandita solo dai pasti del padrone e dalle messe in chiesa dove, stupita dalle vetrate dello Spirito Santo, non può fare a meno di fare un'associazione con il suo peluche.

La signora Aubain, colta da un dolore al petto, muore a sua volta e la casa viene messa in vendita. Poiché la casa non trovò un acquirente, Félicité poté rimanervi ma, temendo un cambiamento di opinione da parte di Paul e di sua moglie, che non vivevano nella casa, non chiese nulla per la sua manutenzione.

Più passava il tempo, più lei credeva di vedere la manifestazione dello Spirito Santo nel pappagallo.

CAPITOLO 5

Il tetto si deteriorò e Félicité, nella cui stanza c'erano perdite, si ammalò di polmonite. In occasione del Corpus Domini, vecchia e malata, dopo un ultimo bacio d'addio al pappagallo imbalsamato, lo offrì al sacerdote per essere posto sull'altare vicino a casa. La processione passò, si fermò al luogo di riposo dove Loulou era esposto e un'ultima nuvola di incenso raggiunse la stanza fatiscente di Félicité. Sul letto di morte, vide un enorme pappagallo che la portò in paradiso. Morì durante la processione.

STUDIO DEL CARATTERE

FELICITÀ

In una lettera alla signorina Leroyer de Chantepie, Flaubert scrisse quanto seguiva a proposito della sua eroina: "La prima idea che ho avuto è stata quella di farne una vergine, che vivesse in mezzo alla provincia, che invecchiasse nel dolore, e che raggiungesse così gli ultimi stati del misticismo e della passione sognata. (*Lettera alla signorina Leroyer de Chantepie*, lunedì 30 marzo 1857)

Nata alla fine del XVIII secolo, Félicité sperimenta per la prima volta la miseria e l'abbandono: "Suo padre, muratore, viene ucciso quando cade da un'impalcatura. Poi la madre morì, le sorelle si dispersero." (p. 30) Dopo la morte dei genitori, diviene bracciante e poi, si innamora perdutamente, ma non fu ricambiata. La sua disperazione si esprime nella natura e il paesaggio è quindi legato agli stati d'animo del personaggio.

È devota e amorevole, di natura semplice e umile. La descrizione fisica della donna è molto scarsa, ma presenta caratteristiche tipiche degli asceti, in particolare un "viso sottile e senza voce" (p. 5), che sembra presagire la sua condotta. Per quanto riguarda la sua età, Flaubert rimane piuttosto vago: "Dai cinquant'anni in poi, non ha segnato alcuna età". (p. 5) Sono le sue qualità di cuore a renderla eccezionale. La descrizione più importante che viene data è quella morale: la donna è definita dal suo modo di essere. Lavora senza interruzioni, è molto pulita ed è una serva molto invidiata. Félicité è estremamente devota alla sua padrona ed è obbligata a essere retta ed esemplare.

Appare fin dall'inizio all'ombra della sua padrona. Lei è effettivamente la protagonista, ma il primo capitolo fa esplodere il suo ritratto e il suo posto a favore della signora Aubain.

Caratterizzata da una grande ingenuità, Félicité appare al lettore solo attraverso il suo nome di battesimo, che le fa capire la sua riduzione al ruolo di serva. Anche il nome stesso è significativo, poiché si riferisce alla felicità, o addirittura alla beatitudine, un termine che assume il suo pieno significato in questo romanzo, in quanto la beatitudine non è altro che "una felicità perfetta promessa agli eletti dopo la loro morte". Attraverso il suo estremo fervore religioso, è questo particolare stato di beatitudine che la serva cerca di raggiungere, come dimostra l'episodio della sua morte. Inoltre, la sua agonia è presentata da Flaubert come un'attenuazione, una liberazione.

Donna di grande bontà, vede morire tutti coloro che ama. Così, l'intera esistenza di Félicité è segnata dalla tristezza: "Flaubert descrive un personaggio cupo e monotono, che non sorride mai e la cui vita assomiglia a una lunga strada priva di ogni piacere. In contrasto con questa vita troppo austera, la sua morte rappresenterà il passaggio a un'esistenza migliore. (*La doppia funzione del ritratto di Félicité in Un cuore semplice*, 1992, pp. 17-21)

Si evolve sempre più in una figura mistica, che soddisfa il suo bisogno di affetto attraverso il fervore religioso, senza riuscire ad allontanarsi dalla sua fede. Se ne va con un'ultima preghiera, mentre tutta la città è in processione religiosa.

LA SIGNORA AUBAIN

Vedova e madre di due figli, Paul e Virginie, è la padrona di Félicité. "È una donna borghese, ignorante, cinica ed egoista con un solo insieme di valori: il denaro e i suoi eccessi. (*Tempo e narrazione in* Un cuore semplice. *Introduzione a una lettura mitica*, 1993) È "una persona non simpatica" (p. 1). Inoltre, quando morì, "pochi amici sentirono la sua mancanza" (p. 48).

L'apparenza e le buone maniere sono molto importanti per lei. Non le piace la familiarità del nipote Victor, che dà del tu a Pau, e decide di partire immediatamente per Pont-l'Evêque.

La signora Aubain, volendo fare della figlia "una persona realizzata" (p. 23), la manda in collegio dalle Orsoline a Honfleur. Da quel momento in poi, appare più umana perché soffre per l'assenza della figlia: "La privazione della figlia era molto dolorosa per lei. (p. 23) Quando Virginie muore, è disperata: "La disperazione di Madame era sconfinata". (p. 34) Tuttavia, più avanti, è ancora più umana nei confronti della sua cameriera, ancora più tenera: "La padrona aprì le braccia, la cameriera vi si gettò e si abbracciarono". (p. 37) Così, nei momenti difficili, l'umanità della signora Aubain risplende.

LOULOU

"Si chiamava Loulou. Il suo corpo era verde, le punte delle ali rosa, la fronte blu e la gola dorata". (p. 66) Inizia così la presentazione di Loulou, il pappagallo che infastidisce a tal punto la signora Aubain da donarlo alla sua fedele serva, Félicité.

Per Félicité, il giorno in cui Loulou gli viene affidato è un grande giorno. Questo dimostra l'importanza dell'animale nella vita della protagonista. Così lei "si mise a istruirlo; ben presto lui ripeteva: 'Ragazzo affascinante! Servo, signore! Ave, Maria! (p. 66). Il pappagallo diventa un personaggio a sé stante, una vera e propria figura divina a cui Félicité tiene molto e che alla fine viene impagliata alla sua morte.

CHIAVI DI LETTURA

SCHEMA NARRATIVO

Situazione iniziale: è l'inizio della storia, il momento in cui si definisce l'ambientazione e si introducono i personaggi; la situazione è equilibrata, cioè non ha motivo di cambiare.

- Félicité è una giovane contadina senza istruzione che entra al servizio di una vedova borghese di Pont-l'Évêque, la signora Aubain e si affeziona ai due figli della padrona, Paul e Virginie.

Elemento di disturbo: è un evento che interrompe la situazione iniziale e innesca l'azione stessa.

- Virginie inizia la scuola domenicale e Félicité la accompagna.

Situazioni periferiche: sono gli eventi causati dall'elemento di disturbo e che portano alle azioni intraprese dall'eroe per risolvere il problema.

- Episodio del toro; partenza di Paul per Caen; partenza di Virginie per le Orsoline; morte di Virginie e Victor; il sottoprefetto dà un pappagallo alla signora Aubain come regalo d'addio; dono dell'uccello da parte della signora Aubain a Félicité; morte della signora Aubain; morte del pappagallo.

Finale: conclude gli eventi e porta alla situazione finale.

- Félicité fa imbalsamare il pappagallo, rendendolo sacro. L'uccello occupa un posto d'onore nella sua stanza, insieme ad altre immagini sacre. La cameriera si spinse fino a comprare un'immagine dello Spirito Santo sotto forma di colomba con le ali spiegate. Loulou diventa, così, un animale totemico *in senso stretto*: le due immagini di Loulou e dello Spirito Santo "si associano nella sua mente, il pappagallo viene santificato da questa relazione con lo Spirito Santo, che diventa più vivo ai suoi occhi e intelligibile" (p. 46).

Situazione finale: questa è la fine della storia. La situazione è di nuovo stabile, come quella iniziale, ma si è trasformata.

- Félicité muore il giorno del Corpus Domini. In cielo trova il suo pappagallo, che equipara allo Spirito Santo.

TRA STORIA E RACCONTO

"Un cuore semplice" è un racconto che fa parte di un trittico, la raccolta intitolata « *Trois contes* » di Flaubert, che comprende, oltre al nostro racconto, « *La Légende de saint Julien l'Hospitalier* » e *"Hérodias"*. Non è un caso che l'autore abbia scelto di raggrupparli sotto il titolo di "racconti", e non di "storie", come si usava all'epoca per designare tutti i racconti. Flaubert, e in generale gli autori del XIX secolo, cercarono di allontanarsi da questo "nome commerciale", rompendo così con quattro secoli di tradizione.

"Un cuore semplice" è più simile a una fiaba nel suo finale soprannaturale e nel suo scopo morale, caratteristiche meno presenti nel racconto breve, che di solito racconta una storia realistica. La combinazione finale di realtà e meraviglia lascia il personaggio di Félicité ambiguo, ma allo stesso tempo dà

un senso alla storia: è nella religione che il personaggio ha trovato pace e accettazione della vita.

Tuttavia, alcuni aspetti di *"Un cuore semplice"* avvicinano la narrazione al genere del racconto realista. Quest'ultima tende a rappresentare la realtà in tutti i suoi aspetti e porta alla ribalta classi sociali precedentemente trascurate dalla letteratura. Così, è Félicité, un'umile serva, e non la signora Aubain, la sua ricca padrona, a essere proiettata al centro della storia. La storia inizia *in media res*, come se fosse inserita in una realtà preesistente. Delegata a un narratore affidabile, la cui conoscenza ed esperienza sono garanzia di serietà, la storia acquista spessore e autenticità. Ogni traccia di giudizio viene cancellata a favore di una "incertezza esatta" ("Il narratore di *un cuore semplice*", 2002). La narrazione in ritirata è prerogativa del romanzo.

👁 BUONO A SAPERSI: IL REALISMO

Il realismo è un movimento letterario e artistico che mira a rappresentare la realtà, senza cercare di idealizzarla o abbellirla. Si è sviluppato nella seconda metà del XIX secolo, come reazione al Romanticismo, che dava grande importanza all'immaginazione e alla sensibilità. Il leader della scuola realista fu Honoré de Balzac (1799-1850).

PER APPROFONDIRE

EDIZIONE DI RIFERIMENTO

FLAUBERT G., *Un coeur simple*, in *Trois Contes*, Paris, Le Livre de
Poche, 1983.

BIBLIOGRAFIA

BUENO ALONSO J., *La Double Fonction du portrait de Félicité
dans* Un cœur simple, Murcia, Universidad de Murcia, Anales
de Filología Francesa, volume 4, 1992.

FLAUBERT G., *Lettera alla signorina Leroyer de Chantepie*, lunedì
30 marzo 1857, in *Frontières du conte*, Paris, Éditions CNRS,
1982, p. 115.

DESPORTES M., *Les Pratiques de la réécriture dans* Trois contes
de Gustave Flaubert, Centre Flaubert, Université de Rouen,
2003.

RABATÉ D., «Le Conteur dans *Un coeur simple*», in *Littérature*,
n° 127, settembre 2002.

TERRON BARBOSA L., *Tempo e narrazione in* Un cuore semplice.
Introduzione a una lettura mitica, UF, Madrid, Editorial
Complutense, 1993.

Vogliamo sapere da voi!
Lasciate un commento sulla vostra biblioteca online
e condividete i vostri libri preferiti sui social media!

Perché scegliere Must Read?

Scoprite tutto quello che c'è da sapere su un libro, con i nostri riassunti e le nostre analisi concise e approfondite!

Scoprite il meglio della letteratura sotto una luce completamente nuova!

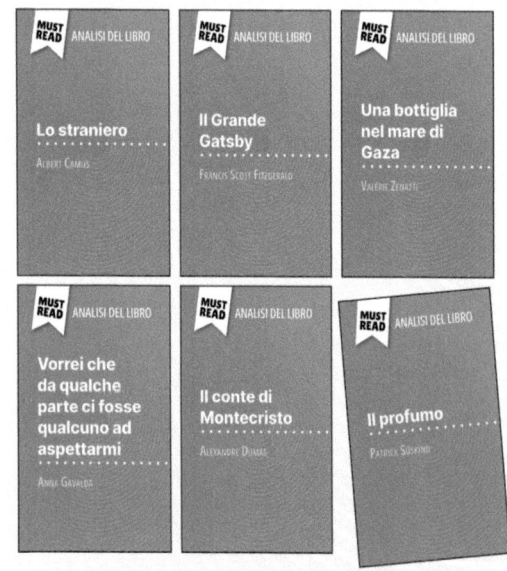

www.50minutes.com

Sebbene l'editore faccia ogni sforzo per verificare l'accuratezza delle informazioni pubblicate, 50minutes.com non si assume alcuna responsabilità per il contenuto di questo libro.

© 50minutes.com, 2023. Tutti i diritti riservati.

www.50minutes.com

Master ISBN: 9782808689953
ISBN cartaceo: 9782808611350
Deposito legale: D/2023/12603/1415

Copertura: © Primento

Concezione digitale a cura di Primento, il partner digitale degli editori.